시편 쓰기를 시작하면서 드리는 기도

내 영혼을 위한

시편 쓰기 2

Writing Psalms for My Soul

56~103편

56

1 하나님이여 내게 은혜를 베푸소서 사람이 나를 삼키
려고 종일 치며 압제하나이다
2 내 원수가 종일 나를 삼키려 하며 나를 교만하게 치
는 자들이 많사오니
3 내가 두려워하는 날에는 내가 주를 의지하리이다
4 내가 하나님을 의지하고 그 말씀을 찬송하올지라 내
가 하나님을 의지하였은즉 두려워하지 아니하리니
혈육을 가진 사람이 내게 어찌하리이까
5 그들이 종일 내 말을 곡해하며 나를 치는 그들의 모
든 생각은 사악이라
6 그들이 내 생명을 엿보았던 것과 같이 또 모여 숨어
내 발자취를 지켜보나이다
7 그들이 악을 행하고야 안전하오리이까 하나님이여
분노하사 뭇 백성을 낮추소서

56

8 나의 유리함을 주께서 계수하셨사오니 나의 눈물을
주의 병에 담으소서 이것이 주의 책에 기록되지 아니
하였나이까
9 내가 아뢰는 날에 내 원수들이 물러가리니 이것으로
하나님이 내 편이심을 내가 아나이다
10 내가 하나님을 의지하여 그의 말씀을 찬송하며 여호
와를 의지하여 그의 말씀을 찬송하리이다
11 내가 하나님을 의지하였은즉 두려워하지 아니하리
니 사람이 내게 어찌하리이까
12 하나님이여 내가 주께 서원함이 있사온즉 내가 감사
제를 주께 드리리니
13 주께서 내 생명을 사망에서 건지셨음이라 주께서 나
로 하나님 앞, 생명의 빛에 다니게 하시려고 실족하
지 아니하게 하지 아니하셨나이까

57

1 하나님이여 내게 은혜를 베푸소서 내게 은혜를 베푸
소서 내 영혼이 주께로 피하되 주의 날개 그늘 아래
에서 이 재앙들이 지나기까지 피하리이다
2 내가 지존하신 하나님께 부르짖음이여 곧 나를 위하
여 모든 것을 이루시는 하나님께로다
3 그가 하늘에서 보내사 나를 삼키려는 자의 비방에서
나를 구원하실지라 (셀라) 하나님이 그의 인자와 진
리를 보내시리로다
4 내 영혼이 사자들 가운데에서 살며 내가 불사르는 자
들 중에 누웠으니 곧 사람의 아들들 중에라 그들의
이는 창과 화살이요 그들의 혀는 날카로운 칼 같도다
5 하나님이여 주는 하늘 위에 높이 들리시며 주의 영광
이 온 세계 위에 높아지기를 원하나이다

57

6 그들이 내 걸음을 막으려고 그물을 준비하였으니 내
영혼이 억울하도다 그들이 내 앞에 웅덩이를 팠으나
자기들이 그중에 빠졌도다 (셀라)
7 하나님이여 내 마음이 확정되었고 내 마음이 확정되
었사오니 내가 노래하고 내가 찬송하리이다
8 내 영광아 깰지어다 비파야, 수금아, 깰지어다 내가
새벽을 깨우리로다
9 주여 내가 만민 중에서 주께 감사하오며 뭇 나라 중
에서 주를 찬송하리이다
10 무릇 주의 인자는 커서 하늘에 미치고 주의 진리는
궁창에 이르나이다
11 하나님이여 주는 하늘 위에 높이 들리시며 주의 영광
이 온 세계 위에 높아지기를 원하나이다

58

1 통치자들아 너희가 정의를 말해야 하거늘 어찌 잠잠
하냐 인자들아 너희가 올바르게 판결해야 하거늘 어
찌 잠잠하냐
2 아직도 너희가 중심에 악을 행하며 땅에서 너희 손으
로 폭력을 달아 주는도다
3 악인은 모태에서부터 멀어졌음이여 나면서부터 곁
길로 나아가 거짓을 말하는도다
4 그들의 독은 뱀의 독 같으며 그들은 귀를 막은 귀머
거리 독사 같으니
5 술사의 홀리는 소리도 듣지 않고 능숙한 술객의 요술
도 따르지 아니하는 독사로다
6 하나님이여 그들의 입에서 이를 꺾으소서 여호와여
젊은 사자의 어금니를 꺾어 내시며

58

7 그들이 급히 흐르는 물같이 사라지게 하시며 겨누는
화살이 꺾임 같게 하시며
8 소멸하여 가는 달팽이 같게 하시며 만삭 되지 못하여
출생한 아이가 햇빛을 보지 못함 같게 하소서
9 가시나무 불이 가마를 뜨겁게 하기 전에 생나무든지
불붙는 나무든지 강한 바람으로 휩쓸려 가게 하소서
10 의인이 악인의 보복 당함을 보고 기뻐함이여 그의 발
을 악인의 피에 씻으리로다
11 그때에 사람의 말이 진실로 의인에게 갚음이 있고 진
실로 땅에서 심판하시는 하나님이 계시다 하리로다

59

1 나의 하나님이여 나의 원수에게서 나를 건지시고 일
어나 치려는 자에게서 나를 높이 드소서
2 악을 행하는 자에게서 나를 건지시고 피 흘리기를 즐
기는 자에게서 나를 구원하소서
3 그들이 나의 생명을 해하려고 엎드려 기다리고 강한
자들이 모여 나를 치려 하오니 여호와여 이는 나의
잘못으로 말미암음이 아니요 나의 죄로 말미암음도
아니로소이다
4 내가 허물이 없으나 그들이 달려와서 스스로 준비하
오니 주여 나를 도우시기 위하여 깨어 살펴 주소서
5 주님은 만군의 하나님 여호와, 이스라엘의 하나님이
시오니 일어나 모든 나라들을 벌하소서 악을 행하는
모든 자들에게 은혜를 베풀지 마소서 (셀라)
6 그들이 저물어 돌아와서 개처럼 울며 성으로 두루 다
니고

59

7 그들의 입으로는 악을 토하며 그들의 입술에는 칼이
있어 이르기를 누가 들으리요 하나이다
8 여호와여 주께서 그들을 비웃으시며 모든 나라들을
조롱하시리이다
9 하나님은 나의 요새이시니 그의 힘으로 말미암아 내
가 주를 바라리이다
10 나의 하나님이 그의 인자하심으로 나를 영접하시며
하나님이 나를 원수가 보응 받는 것을 내가 보게 하
시리이다
11 그들을 죽이지 마옵소서 나의 백성이 잊을까 하나이
다 우리 방패 되신 주여 주의 능력으로 그들을 흩으
시고 낮추소서
12 그들의 입술의 말은 곧 그들의 입의 죄라 그들이 말
하는 저주와 거짓말로 말미암아 그들이 그 교만한 중
에서 사로잡히게 하소서

13 진노하심으로 소멸하시되 없어지기까지 소멸하사
하나님이 야곱 중에서 다스리심을 땅끝까지 알게 하
소서 (셀라)
14 그들에게 저물어 돌아와서 개처럼 울며 성으로 두루
다니게 하소서
15 그들은 먹을 것을 찾아 유리하다가 배부름을 얻지 못
하면 밤을 새우려니와
16 나는 주의 힘을 노래하며 아침에 주의 인자하심을 높
이 부르오리니 주는 나의 요새이시며 나의 환난 날에
피난처심이니이다
17 나의 힘이시여 내가 주께 찬송하오리니 하나님은 나
의 요새이시며 나를 긍휼히 여기시는 하나님이심이
니이다

60

1 하나님이여 주께서 우리를 버려 흩으셨고 분노하셨
사오나 지금은 우리를 회복시키소서
2 주께서 땅을 진동시키사 갈라지게 하셨사오니 그 틈
을 기우소서 땅이 흔들림이니이다
3 주께서 주의 백성에게 어려움을 보이시고 비틀거리
게 하는 포도주를 우리에게 마시게 하셨나이다
4 주를 경외하는 자에게 깃발을 주시고 진리를 위하여
달게 하셨나이다 (셀라)
5 주께서 사랑하시는 자를 건지시기 위하여 주의 오른
손으로 구원하시고 응답하소서
6 하나님이 그의 거룩하심으로 말씀하시되 내가 뛰놀
리라 내가 세겜을 나누며 숙곳 골짜기를 측량하리라
7 길르앗이 내 것이요 므낫세도 내 것이며 에브라임은
내 머리의 투구요 유다는 나의 규이며

8 모압은 나의 목욕통이라 에돔에는 나의 신발을 던지
리라 블레셋아 나로 말미암아 외치라 하셨도다
9 누가 나를 이끌어 견고한 성에 들이며 누가 나를 에
돔에 인도할까
10 하나님이여 주께서 우리를 버리지 아니하셨나이까
하나님이여 주께서 우리 군대와 함께 나아가지 아니
하시나이다
11 우리를 도와 대적을 치게 하소서 사람의 구원은 헛됨
이니이다
12 우리가 하나님을 의지하고 용감하게 행하리니 그는
우리의 대적을 밟으실 이심이로다

61

1 하나님이여 나의 부르짖음을 들으시며 내 기도에 유
의하소서
2 내 마음이 약해질 때에 땅끝에서부터 주께 부르짖으
오리니 나보다 높은 바위에 나를 인도하소서
3 주는 나의 피난처시요 원수를 피하는 견고한 망대이
심이니이다
4 내가 영원히 주의 장막에 머물며 내가 주의 날개 아
래로 피하리이다 (셀라)
5 주 하나님이여 주께서 나의 서원을 들으시고 주의 이
름을 경외하는 자가 얻을 기업을 내게 주셨나이다
6 주께서 왕에게 장수하게 하사 그의 나이가 여러 대에
미치게 하시리이다

61

7 그가 영원히 하나님 앞에서 거주하리니 인자와 진리
를 예비하사 그를 보호하소서
8 그리하시면 내가 주의 이름을 영원히 찬양하며 매일
나의 서원을 이행하리이다

62

1 나의 영혼이 잠잠히 하나님만 바람이여 나의 구원이
그에게서 나오는도다
2 오직 그만이 나의 반석이시요 나의 구원이시요 나의
요새이시니 내가 크게 흔들리지 아니하리로다
3 넘어지는 담과 흔들리는 울타리같이 사람을 죽이려
고 너희가 일제히 공격하기를 언제까지 하려느냐
4 그들이 그를 그의 높은 자리에서 떨어뜨리기만 꾀하
고 거짓을 즐겨 하니 입으로는 축복이요 속으로는 저
주로다 (셀라)
5 나의 영혼아 잠잠히 하나님만 바라라 무릇 나의 소망
이 그로부터 나오는도다
6 오직 그만이 나의 반석이시요 나의 구원이시요 나의
요새이시니 내가 흔들리지 아니하리로다

62

7 나의 구원과 영광이 하나님께 있음이여 내 힘의 반석
과 피난처도 하나님께 있도다
8 백성들아 시시로 그를 의지하고 그의 앞에 마음을 토
하라 하나님은 우리의 피난처시로다 (셀라)
9 아, 슬프도다 사람은 입김이며 인생도 속임수이니 저
울에 달면 그들은 입김보다 가벼우리로다
10 포악을 의지하지 말며 탈취한 것으로 허망하여지지
말며 재물이 늘어도 거기에 마음을 두지 말지어다
11 하나님이 한두 번 하신 말씀을 내가 들었나니 권능은
하나님께 속하였다 하셨도다
12 주여 인자함은 주께 속하오니 주께서 각 사람이 행한
대로 갚으심이니이다

63

1 하나님이여 주는 나의 하나님이시라 내가 간절히 주
를 찾되 물이 없어 마르고 황폐한 땅에서 내 영혼이
주를 갈망하며 내 육체가 주를 앙모하나이다
2 내가 주의 권능과 영광을 보기 위하여 이와 같이 성
소에서 주를 바라보았나이다
3 주의 인자하심이 생명보다 나으므로 내 입술이 주를
찬양할 것이라
4 이러므로 나의 평생에 주를 송축하며 주의 이름으로
말미암아 나의 손을 들리이다
5 골수와 기름진 것을 먹음과 같이 나의 영혼이 만족할
것이라 나의 입이 기쁜 입술로 주를 찬송하되
6 내가 나의 침상에서 주를 기억하며 새벽에 주의 말씀
을 작은 소리로 읊조릴 때에 하오리니

63

7 주는 나의 도움이 되셨음이라 내가 주의 날개 그늘에
서 즐겁게 부르리이다
8 나의 영혼이 주를 가까이 따르니 주의 오른손이 나를
붙드시거니와
9 나의 영혼을 찾아 멸하려 하는 그들은 땅 깊은 곳에
들어가며
10 칼의 세력에 넘겨져 승냥이의 먹이가 되리이다
11 왕은 하나님을 즐거워하리니 주께 맹세한 자마다 자
랑할 것이나 거짓말하는 자의 입은 막히리로다

64

1 하나님이여 내가 근심하는 소리를 들으시고 원수의
두려움에서 나의 생명을 보존하소서
2 주는 악을 꾀하는 자들의 음모에서 나를 숨겨 주시고
악을 행하는 자들의 소동에서 나를 감추어 주소서
3 그들이 칼같이 자기 혀를 연마하며 화살같이 독한 말
로 겨누고
4 숨은 곳에서 온전한 자를 쏘며 갑자기 쏘고 두려워하
지 아니하는도다
5 그들은 악한 목적으로 서로 격려하며 남몰래 올무 놓
기를 함께 의논하고 하는 말이 누가 우리를 보리요
하며
6 그들은 죄악을 꾸미며 이르기를 우리가 묘책을 찾았
다 하나니 각 사람의 속뜻과 마음이 깊도다

7 그러나 하나님이 그들을 쏘시리니 그들이 갑자기 화
살에 상하리로다
8 이러므로 그들이 엎드러지리니 그들의 혀가 그들을
해함이라 그들을 보는 자가 다 머리를 흔들리로다
9 모든 사람이 두려워하여 하나님의 일을 선포하며 그
의 행하심을 깊이 생각하리로다
10 의인은 여호와로 말미암아 즐거워하며 그에게 피하
리니 마음이 정직한 자는 다 자랑하리로다

65

1 하나님이여 찬송이 시온에서 주를 기다리오며 사람
이 서원을 주께 이행하리이다
2 기도를 들으시는 주여 모든 육체가 주께 나아오리이다
3 죄악이 나를 이겼사오니 우리의 허물을 주께서 사하
시리이다
4 주께서 택하시고 가까이 오게 하사 주의 뜰에 살게
하신 사람은 복이 있나이다 우리가 주의 집 곧 주의
성전의 아름다움으로 만족하리이다
5 우리 구원의 하나님이시여 땅의 모든 끝과 먼 바다에
있는 자가 의지할 주께서 의를 따라 엄위하신 일로
우리에게 응답하시리이다
6 주는 주의 힘으로 산을 세우시며 권능으로 띠를 띠시며
7 바다의 설렘과 물결의 흔들림과 만민의 소요까지 진
정하시나이다

65

8 땅끝에 사는 자가 주의 징조를 두려워하나이다 주께
서 아침 되는 것과 저녁 되는 것을 즐거워하게 하시며
9 땅을 돌보사 물을 대어 심히 윤택하게 하시며 하나님
의 강에 물이 가득하게 하시고 이같이 땅을 예비하신
후에 그들에게 곡식을 주시나이다
10 주께서 밭고랑에 물을 넉넉히 대사 그 이랑을 평평하
게 하시며 또 단비로 부드럽게 하시고 그 싹에 복을
주시나이다
11 주의 은택으로 한 해를 관 씌우시니 주의 길에는 기
름방울이 떨어지며
12 들의 초장에도 떨어지니 작은 산들이 기쁨으로 띠를
띠었나이다
13 초장은 양 떼로 옷 입었고 골짜기는 곡식으로 덮였으
매 그들이 다 즐거이 외치고 또 노래하나이다

66

1 온 땅이여 하나님께 즐거운 소리를 낼지어다
2 그의 이름의 영광을 찬양하고 영화롭게 찬송할지어다
3 하나님께 아뢰기를 주의 일이 어찌 그리 엄위하신지
요 주의 큰 권능으로 말미암아 주의 원수가 주께 복
종할 것이며
4 온 땅이 주께 경배하고 주를 노래하며 주의 이름을
노래하리이다 할지어다 (셀라)
5 와서 하나님께서 행하신 것을 보라 사람의 아들들에
게 행하심이 엄위하시도다
6 하나님이 바다를 변하여 육지가 되게 하셨으므로 무
리가 걸어서 강을 건너고 우리가 거기서 주로 말미암
아 기뻐하였도다

66

7 그가 그의 능력으로 영원히 다스리시며 그의 눈으로
나라들을 살피시나니 거역하는 자들은 교만하지 말
지어다 (셀라)
8 만민들아 우리 하나님을 송축하며 그의 찬양 소리를
들리게 할지어다
9 그는 우리 영혼을 살려 두시고 우리의 실족함을 허락
하지 아니하시는 주시로다
10 하나님이여 주께서 우리를 시험하시되 우리를 단련
하시기를 은을 단련함같이 하셨으며
11 우리를 끌어 그물에 걸리게 하시며 어려운 짐을 우리
허리에 매어 두셨으며
12 사람들이 우리 머리를 타고 가게 하셨나이다 우리가
불과 물을 통과하였더니 주께서 우리를 끌어내사 풍
부한 곳에 들이셨나이다

13 내가 번제물을 가지고 주의 집에 들어가서 나의 서원
을 주께 갚으리니
14 이는 내 입술이 낸 것이요 내 환난 때에 내 입이 말한
것이니이다
15 내가 숫양의 향기와 함께 살진 것으로 주께 번제를
드리며 수소와 염소를 드리리이다 (셀라)
16 하나님을 두려워하는 너희들아 다 와서 들으라 하나
님이 나의 영혼을 위하여 행하신 일을 내가 선포하리
로다
17 내가 나의 입으로 그에게 부르짖으며 나의 혀로 높이
찬송하였도다
18 내가 나의 마음에 죄악을 품었더라면 주께서 듣지 아
니하시리라

19 그러나 하나님이 실로 들으셨음이여 내 기도 소리에
귀를 기울이셨도다
20 하나님을 찬송하리로다 그가 내 기도를 물리치지 아
니하시고 그의 인자하심을 내게서 거두지도 아니하
셨도다

67

1 하나님은 우리에게 은혜를 베푸사 복을 주시고 그의
얼굴빛을 우리에게 비추사 (셀라)
2 주의 도를 땅 위에, 주의 구원을 모든 나라에게 알리
소서
3 하나님이여 민족들이 주를 찬송하게 하시며 모든 민
족들이 주를 찬송하게 하소서
4 온 백성은 기쁘고 즐겁게 노래할지니 주는 민족들을
공평히 심판하시며 땅 위의 나라들을 다스리실 것임
이니이다 (셀라)
5 하나님이여 민족들이 주를 찬송하게 하시며 모든 민
족으로 주를 찬송하게 하소서
6 땅이 그의 소산을 내어 주었으니 하나님 곧 우리 하
나님이 우리에게 복을 주시리로다
7 하나님이 우리에게 복을 주시리니 땅의 모든 끝이 하
나님을 경외하리로다

67

68

1 하나님이 일어나시니 원수들은 흩어지며 주를 미워
하는 자들은 주 앞에서 도망하리이다
2 연기가 불려 가듯이 그들을 몰아내소서 불 앞에서 밀
이 녹음같이 악인이 하나님 앞에서 망하게 하소서
3 의인은 기뻐하여 하나님 앞에서 뛰놀며 기뻐하고 즐
거워할지어다
4 하나님께 노래하며 그의 이름을 찬양하라 하늘을 타
고 광야에 행하시던 이를 위하여 대로를 수축하라 그
의 이름은 여호와이시니 그의 앞에서 뛰놀지어다
5 그의 거룩한 처소에 계신 하나님은 고아의 아버지시
며 과부의 재판장이시라
6 하나님이 고독한 자들은 가족과 함께 살게 하시며 갇
힌 자들은 이끌어 내사 형통하게 하시느니라 오직 거
역하는 자들의 거처는 메마른 땅이로다

7 하나님이여 주의 백성 앞에서 앞서 나가사 광야에서
행진하셨을 때에 (셀라)
8 땅이 진동하며 하늘이 하나님 앞에서 떨어지며 저 시
내 산도 하나님 곧 이스라엘의 하나님 앞에서 진동하
였나이다
9 하나님이여 주께서 흡족한 비를 보내사 주의 기업이
곤핍할 때에 주께서 그것을 견고하게 하셨고
10 주의 회중을 그 가운데에 살게 하셨나이다 하나님이
여 주께서 가난한 자를 위하여 주의 은택을 준비하셨
나이다
11 주께서 말씀을 주시니 소식을 공포하는 여자들은 큰
무리라
12 여러 군대의 왕들이 도망하고 도망하니 집에 있던 여
자들도 탈취물을 나누도다

13 너희가 양 우리에 누울 때에는 그 날개를 은으로 입
히고 그 깃을 황금으로 입힌 비둘기 같도다
14 전능하신 이가 왕들을 그중에서 흩으실 때에는 살몬
에 눈이 날림 같도다
15 바산의 산은 하나님의 산임이여 바산의 산은 높은 산
이로다
16 너희 높은 산들아 어찌하여 하나님이 계시려 하는 산
을 시기하여 보느냐 진실로 여호와께서 이 산에 영원
히 계시리로다
17 하나님의 병거는 천천이요 만만이라 주께서 그중에
계심이 시내 산 성소에 계심 같도다
18 주께서 높은 곳으로 오르시며 사로잡은 자들을 취하
시고 선물들을 사람들에게서 받으시며 반역자들로
부터도 받으시니 여호와 하나님이 그들과 함께 계시
기 때문이로다

19 날마다 우리 짐을 지시는 주 곧 우리의 구원이신 하
나님을 찬송할지로다 (셀라)
20 하나님은 우리에게 구원의 하나님이시라 사망에서
벗어남은 주 여호와로 말미암거니와
21 그의 원수들의 머리 곧 죄를 짓고 다니는 자의 정수
리는 하나님이 쳐서 깨뜨리시리로다
22 주께서 말씀하시기를 내가 그들을 바산에서 돌아오
게 하며 바다 깊은 곳에서 도로 나오게 하고
23 네가 그들을 심히 치고 그들의 피에 네 발을 잠그게
하며 네 집의 개의 혀로 네 원수들에게서 제 분깃을
얻게 하리라 하시도다
24 하나님이여 그들이 주께서 행차하심을 보았으니 곧
나의 하나님, 나의 왕이 성소로 행차하시는 것이라
25 소고 치는 처녀들 중에서 노래 부르는 자들은 앞서고
악기를 연주하는 자들은 뒤따르나이다

26 이스라엘의 근원에서 나온 너희여 대회 중에 하나님
곧 주를 송축할지어다
27 거기에는 그들을 주관하는 작은 베냐민과 유다의 고
관과 그들의 무리와 스불론의 고관과 납달리의 고관
이 있도다
28 네 하나님이 너의 힘을 명령하셨도다 하나님이여 우
리를 위하여 행하신 것을 견고하게 하소서
29 예루살렘에 있는 주의 전을 위하여 왕들이 주께 예물
을 드리리이다
30 갈밭의 들짐승과 수소의 무리와 만민의 송아지를 꾸
짖으시고 은 조각을 발아래에 밟으소서 그가 전쟁을
즐기는 백성을 흩으셨도다
31 고관들은 애굽에서 나오고 구스인은 하나님을 향하
여 그 손을 신속히 들리로다

32 땅의 왕국들아 하나님께 노래하고 주께 찬송할지어
다 (셀라)
33 옛적 하늘들의 하늘을 타신 자에게 찬송하라 주께서
그 소리를 내시니 웅장한 소리로다
34 너희는 하나님께 능력을 돌릴지어다 그의 위엄이 이
스라엘 위에 있고 그의 능력이 구름 속에 있도다
35 하나님이여 위엄을 성소에서 나타내시나이다 이스
라엘의 하나님은 그의 백성에게 힘과 능력을 주시나
니 하나님을 찬송할지어다

69

1 하나님이여 나를 구원하소서 물들이 내 영혼에까지
흘러들어 왔나이다
2 나는 설 곳이 없는 깊은 수렁에 빠지며 깊은 물에 들
어가니 큰물이 내게 넘치나이다
3 내가 부르짖음으로 피곤하여 나의 목이 마르며 나의
하나님을 바라서 나의 눈이 쇠하였나이다
4 까닭 없이 나를 미워하는 자가 나의 머리털보다 많고
부당하게 나의 원수가 되어 나를 끊으려 하는 자가
강하였으니 내가 빼앗지 아니한 것도 물어 주게 되었
나이다
5 하나님이여 주는 나의 우매함을 아시오니 나의 죄가
주 앞에서 숨김이 없나이다

69

6 주 만군의 여호와여 주를 바라는 자들이 나를 인하여
수치를 당하게 하지 마옵소서 이스라엘의 하나님이
여 주를 찾는 자가 나로 말미암아 욕을 당하게 하지
마옵소서
7 내가 주를 위하여 비방을 받았사오니 수치가 나의 얼
굴에 덮였나이다
8 내가 나의 형제에게는 객이 되고 나의 어머니의 자녀
에게는 낯선 사람이 되었나이다
9 주의 집을 위하는 열성이 나를 삼키고 주를 비방하는
비방이 내게 미쳤나이다
10 내가 곡하고 금식하였더니 그것이 도리어 나의 욕이
되었으며
11 내가 굵은 베로 내 옷을 삼았더니 내가 그들의 말거
리가 되었나이다

12 성문에 앉은 자가 나를 비난하며 독주에 취한 무리가
나를 두고 노래하나이다
13 여호와여 나를 반기시는 때에 내가 주께 기도하오니
하나님이여 많은 인자와 구원의 진리로 내게 응답하
소서
14 나를 수렁에서 건지사 빠지지 말게 하시고 나를 미워
하는 자에게서와 깊은 물에서 건지소서
15 큰물이 나를 휩쓸거나 깊음이 나를 삼키지 못하게 하
시며 웅덩이가 내 위에 덮쳐 그것의 입을 닫지 못하
게 하소서
16 여호와여 주의 인자하심이 선하시오니 내게 응답하
시며 주의 많은 긍휼에 따라 내게로 돌이키소서
17 주의 얼굴을 주의 종에게서 숨기지 마소서 내가 환난
중에 있사오니 속히 내게 응답하소서

18 내 영혼에게 가까이하사 구원하시며 내 원수로 말미
암아 나를 속량하소서
19 주께서 나의 비방과 수치와 능욕을 아시나이다 나의
대적자들이 다 주님 앞에 있나이다
20 비방이 나의 마음을 상하게 하여 근심이 충만하니 불
쌍히 여길 자를 바라나 없고 긍휼히 여길 자를 바라
나 찾지 못하였나이다
21 그들이 쓸개를 나의 음식물로 주며 목마를 때에는 초
를 마시게 하였사오니
22 그들의 밥상이 올무가 되게 하시며 그들의 평안이 덫
이 되게 하소서
23 그들의 눈이 어두워 보지 못하게 하시며 그들의 허리
가 항상 떨리게 하소서
24 주의 분노를 그들의 위에 부으시며 주의 맹렬하신 노
가 그들에게 미치게 하소서

25 그들의 거처가 황폐하게 하시며 그들의 장막에 사는
자가 없게 하소서
26 무릇 그들이 주께서 치신 자를 핍박하며 주께서 상하
게 하신 자의 슬픔을 말하였사오니
27 그들의 죄악에 죄악을 더하사 주의 공의에 들어오지
못하게 하소서
28 그들을 생명책에서 지우사 의인들과 함께 기록되지
말게 하소서
29 오직 나는 가난하고 슬프오니 하나님이여 주의 구원
으로 나를 높이소서
30 내가 노래로 하나님의 이름을 찬송하며 감사함으로
하나님을 위대하시다 하리니
31 이것이 소 곧 뿔과 굽이 있는 황소를 드림보다 여호
와를 더욱 기쁘시게 함이 될 것이라

32 곤고한 자가 이를 보고 기뻐하나니 하나님을 찾는 너
희들아 너희 마음을 소생하게 할지어다
33 여호와는 궁핍한 자의 소리를 들으시며 자기로 말미
암아 갇힌 자를 멸시하지 아니하시나니
34 천지가 그를 찬송할 것이요 바다와 그중의 모든 생물
도 그리할지로다
35 하나님이 시온을 구원하시고 유다 성읍들을 건설하
시리니 무리가 거기에 살며 소유를 삼으리로다
36 그의 종들의 후손이 또한 이를 상속하고 그의 이름을
사랑하는 자가 그중에 살리로다

70

1 하나님이여 나를 건지소서 여호와여 속히 나를 도우
소서
2 나의 영혼을 찾는 자들이 수치와 무안을 당하게 하시
며 나의 상함을 기뻐하는 자들이 뒤로 물러가 수모를
당하게 하소서
3 아하, 아하 하는 자들이 자기 수치로 말미암아 뒤로
물러가게 하소서
4 주를 찾는 모든 자들이 주로 말미암아 기뻐하고 즐거
워하게 하시며 주의 구원을 사랑하는 자들이 항상 말
하기를 하나님은 위대하시다 하게 하소서
5 나는 가난하고 궁핍하오니 하나님이여 속히 내게 임
하소서 주는 나의 도움이시요 나를 건지시는 이시오
니 여호와여 지체하지 마소서

70

71

1 여호와여 내가 주께 피하오니 내가 영원히 수치를 당
하게 하지 마소서
2 주의 의로 나를 건지시며 나를 풀어 주시며 주의 귀
를 내게 기울이사 나를 구원하소서
3 주는 내가 항상 피하여 숨을 바위가 되소서 주께서
나를 구원하라 명령하셨으니 이는 주께서 나의 반석
이시요 나의 요새이심이니이다
4 나의 하나님이여 나를 악인의 손 곧 불의한 자와 흉
악한 자의 장중에서 피하게 하소서
5 주 여호와여 주는 나의 소망이시요 내가 어릴 때부터
신뢰한 이시라
6 내가 모태에서부터 주를 의지하였으며 나의 어머니
의 배에서부터 주께서 나를 택하셨사오니 나는 항상
주를 찬송하리이다

71

7 나는 무리에게 이상한 징조같이 되었사오나 주는 나
의 견고한 피난처시오니
8 주를 찬송함과 주께 영광 돌림이 종일토록 내 입에
가득하리이다
9 늙을 때에 나를 버리지 마시며 내 힘이 쇠약할 때에
나를 떠나지 마소서
10 내 원수들이 내게 대하여 말하며 내 영혼을 엿보는
자들이 서로 꾀하여
11 이르기를 하나님이 그를 버리셨은즉 따라 잡으라 건
질 자가 없다 하오니
12 하나님이여 나를 멀리하지 마소서 나의 하나님이여
속히 나를 도우소서
13 내 영혼을 대적하는 자들이 수치와 멸망을 당하게 하
시며 나를 모해하려 하는 자들에게는 욕과 수욕이 덮
이게 하소서

14 나는 항상 소망을 품고 주를 더욱더욱 찬송하리이다
15 내가 측량할 수 없는 주의 공의와 구원을 내 입으로
종일 전하리이다
16 내가 주 여호와의 능하신 행적을 가지고 오겠사오며
주의 공의만 전하겠나이다
17 하나님이여 나를 어려서부터 교훈하셨으므로 내가
지금까지 주의 기이한 일들을 전하였나이다
18 하나님이여 내가 늙어 백발이 될 때에도 나를 버리지
마시며 내가 주의 힘을 후대에 전하고 주의 능력을 장
래의 모든 사람에게 전하기까지 나를 버리지 마소서
19 하나님이여 주의 의가 또한 지극히 높으시니이다 하
나님이여 주께서 큰일을 행하셨사오니 누가 주와 같
으리이까

20 우리에게 여러 가지 심한 고난을 보이신 주께서 우리
를 다시 살리시며 땅 깊은 곳에서 다시 이끌어 올리
시리이다
21 나를 더욱 창대하게 하시고 돌이키사 나를 위로하소
서
22 나의 하나님이여 내가 또 비파로 주를 찬양하며 주의
성실을 찬양하리이다 이스라엘의 거룩하신 주여 내
가 수금으로 주를 찬양하리이다
23 내가 주를 찬양할 때에 나의 입술이 기뻐 외치며 주
께서 속량하신 내 영혼이 즐거워하리이다
24 나의 혀도 종일토록 주의 의를 작은 소리로 읊조리오
리니 나를 모해하려 하던 자들이 수치와 무안을 당함
이니이다

72

1 하나님이여 주의 판단력을 왕에게 주시고 주의 공의
를 왕의 아들에게 주소서
2 그가 주의 백성을 공의로 재판하며 주의 가난한 자를
정의로 재판하리니
3 의로 말미암아 산들이 백성에게 평강을 주며 작은 산
들도 그리하리로다
4 그가 가난한 백성의 억울함을 풀어 주며 궁핍한 자의
자손을 구원하며 압박하는 자를 꺾으리로다
5 그들이 해가 있을 동안에도 주를 두려워하며 달이 있
을 동안에도 대대로 그리하리로다
6 그는 벤 풀 위에 내리는 비같이, 땅을 적시는 소낙비
같이 내리리니
7 그의 날에 의인이 흥왕하여 평강의 풍성함이 달이 다
할 때까지 이르리로다

72

8 그가 바다에서부터 바다까지와 강에서부터 땅끝까
지 다스리리니
9 광야에 사는 자는 그 앞에 굽히며 그의 원수들은 티
끌을 핥을 것이며
10 다시스와 섬의 왕들이 조공을 바치며 스바와 시바 왕
들이 예물을 드리리로다
11 모든 왕이 그의 앞에 부복하며 모든 민족이 다 그를
섬기리로다
12 그는 궁핍한 자가 부르짖을 때에 건지며 도움이 없는
가난한 자도 건지며
13 그는 가난한 자와 궁핍한 자를 불쌍히 여기며 궁핍한
자의 생명을 구원하며
14 그들의 생명을 압박과 강포에서 구원하리니 그들의
피가 그의 눈앞에서 존귀히 여김을 받으리로다

15 그들이 생존하여 스바의 금을 그에게 드리며 사람들
이 그를 위하여 항상 기도하고 종일 찬송하리로다
16 산 꼭대기의 땅에도 곡식이 풍성하고 그것의 열매가
레바논같이 흔들리며 성에 있는 자가 땅의 풀같이 왕
성하리로다
17 그의 이름이 영구함이여 그의 이름이 해와 같이 장구
하리로다 사람들이 그로 말미암아 복을 받으리니 모
든 민족이 다 그를 복되다 하리로다
18 홀로 기이한 일들을 행하시는 여호와 하나님 곧 이스
라엘의 하나님을 찬송하며
19 그 영화로운 이름을 영원히 찬송할지어다 온 땅에 그
의 영광이 충만할지어다 아멘 아멘
20 이새의 아들 다윗의 기도가 끝나니라

73

1 하나님이 참으로 이스라엘 중 마음이 정결한 자에게
선을 행하시나
2 나는 거의 넘어질 뻔하였고 나의 걸음이 미끄러질 뻔
하였으니
3 이는 내가 악인의 형통함을 보고 오만한 자를 질투하
였음이로다
4 그들은 죽을 때에도 고통이 없고 그 힘이 강건하며
5 사람들이 당하는 고난이 그들에게는 없고 사람들이
당하는 재앙도 그들에게는 없나니
6 그러므로 교만이 그들의 목걸이요 강포가 그들의 옷
이며
7 살찜으로 그들의 눈이 솟아나며 그들의 소득은 마음
의 소원보다 많으며

8 그들은 능욕하며 악하게 말하며 높은 데서 거만하게
말하며
9 그들의 입은 하늘에 두고 그들의 혀는 땅에 두루 다
니도다
10 그러므로 그의 백성이 이리로 돌아와서 잔에 가득한
물을 다 마시며
11 말하기를 하나님이 어찌 알랴 지존자에게 지식이 있
으랴 하는도다
12 볼지어다 이들은 악인들이라도 항상 평안하고 재물
은 더욱 불어나도다
13 내가 내 마음을 깨끗하게 하며 내 손을 씻어 무죄하
다 한 것이 실로 헛되도다
14 나는 종일 재난을 당하며 아침마다 징벌을 받았도다

15 내가 만일 스스로 이르기를 내가 그들처럼 말하리라
하였더라면 나는 주의 아들들의 세대에 대하여 악행
을 행하였으리이다
16 내가 어찌면 이를 알까 하여 생각한즉 그것이 내게
심한 고통이 되었더니
17 하나님의 성소에 들어갈 때에야 그들의 종말을 내가
깨달았나이다
18 주께서 참으로 그들을 미끄러운 곳에 두시며 파멸에
던지시니
19 그들이 어찌하여 그리 갑자기 황폐되었는가 놀랄 정
도로 그들은 전멸하였나이다
20 주여 사람이 깬 후에는 꿈을 무시함같이 주께서 깨신
후에는 그들의 형상을 멸시하시리이다
21 내 마음이 산란하며 내 양심이 찔렸나이다
22 내가 이같이 우매 무지함으로 주 앞에 짐승이오나

23 내가 항상 주와 함께하니 주께서 내 오른손을 붙드셨
나이다
24 주의 교훈으로 나를 인도하시고 후에는 영광으로 나
를 영접하시리니
25 하늘에서는 주 외에 누가 내게 있으리요 땅에서는 주
밖에 내가 사모할 이 없나이다
26 내 육체와 마음은 쇠약하나 하나님은 내 마음의 반석
이시요 영원한 분깃이시라
27 무릇 주를 멀리하는 자는 망하리니 음녀같이 주를 떠
난 자를 주께서 다 멸하셨나이다
28 하나님께 가까이함이 내게 복이라 내가 주 여호와를
나의 피난처로 삼아 주의 모든 행적을 전파하리이다

74

1 하나님이여 주께서 어찌하여 우리를 영원히 버리시
나이까 어찌하여 주께서 기르시는 양을 향하여 진노
의 연기를 뿜으시나이까
2 옛적부터 얻으시고 속량하사 주의 기업의 지파로 삼
으신 주의 회중을 기억하시며 주께서 계시던 시온 산
도 생각하소서
3 영구히 파멸된 곳을 향하여 주의 발을 옮겨 놓으소서
원수가 성소에서 모든 악을 행하였나이다
4 주의 대적이 주의 회중 가운데에서 떠들며 자기들의
깃발을 세워 표적으로 삼았으니
5 그들은 마치 도끼를 들어 삼림을 베는 사람 같으니이
다
6 이제 그들이 도끼와 철퇴로 성소의 모든 조각품을 쳐
서 부수고

74

7 주의 성소를 불사르며 주의 이름이 계신 곳을 더럽혀
땅에 엎었나이다
8 그들이 마음속으로 이르기를 우리가 그들을 진멸하
자 하고 이 땅에 있는 하나님의 모든 회당을 불살랐
나이다
9 우리의 표적은 보이지 아니하며 선지자도 더 이상 없
으며 이런 일이 얼마나 오랠는지 우리 중에 아는 자
도 없나이다
10 하나님이여 대적이 언제까지 비방하겠으며 원수가
주의 이름을 영원히 능욕하리이까
11 주께서 어찌하여 주의 손 곧 주의 오른손을 거두시나
이까 주의 품에서 손을 빼내시어 그들을 멸하소서
12 하나님은 예로부터 나의 왕이시라 사람에게 구원을
베푸셨나이다

13 주께서 주의 능력으로 바다를 나누시고 물 가운데 용
들의 머리를 깨뜨리셨으며
14 리워야단의 머리를 부수시고 그것을 사막에 사는 자
에게 음식물로 주셨으며
15 주께서 바위를 쪼개어 큰물을 내시며 주께서 늘 흐르
는 강들을 마르게 하셨나이다
16 낮도 주의 것이요 밤도 주의 것이라 주께서 빛과 해
를 마련하셨으며
17 주께서 땅의 경계를 정하시며 주께서 여름과 겨울을
만드셨나이다
18 여호와여 이것을 기억하소서 원수가 주를 비방하며
우매한 백성이 주의 이름을 능욕하였나이다
19 주의 멧비둘기의 생명을 들짐승에게 주지 마시며 주
의 가난한 자의 목숨을 영원히 잊지 마소서

20 그 언약을 눈여겨보소서 무릇 땅의 어두운 곳에 포악
한 자의 처소가 가득하나이다
21 학대 받은 자가 부끄러이 돌아가게 하지 마시고 가난
한 자와 궁핍한 자가 주의 이름을 찬송하게 하소서
22 하나님이여 일어나 주의 원통함을 푸시고 우매한 자
가 종일 주를 비방하는 것을 기억하소서
23 주의 대적들의 소리를 잊지 마소서 일어나 주께 항거
하는 자의 떠드는 소리가 항상 주께 상달되나이다

75

1 하나님이여 우리가 주께 감사하고 감사함은 주의 이
름이 가까움이라 사람들이 주의 기이한 일들을 전파
하나이다
2 주의 말씀이 내가 정한 기약이 이르면 내가 바르게
심판하리니
3 땅의 기둥은 내가 세웠거니와 땅과 그 모든 주민이
소멸되리라 하시도다 (셀라)
4 내가 오만한 자들에게 오만하게 행하지 말라 하며 악
인들에게 뿔을 들지 말라 하였노니
5 너희 뿔을 높이 들지 말며 교만한 목으로 말하지 말
지어다
6 무릇 높이는 일이 동쪽에서나 서쪽에서 말미암지 아
니하며 남쪽에서도 말미암지 아니하고

75

7 오직 재판장이신 하나님이 이를 낮추시고 저를 높이
시느니라
8 여호와의 손에 잔이 있어 술거품이 일어나는도다 속
에 섞은 것이 가득한 그 잔을 하나님이 쏟아 내시나
니 실로 그 찌꺼기까지도 땅의 모든 악인이 기울여
마시리로다
9 나는 야곱의 하나님을 영원히 선포하며 찬양하며
10 또 악인들의 뿔을 다 베고 의인의 뿔은 높이 들리로
다

76

1 하나님은 유다에 알려지셨으며 그의 이름이 이스라
엘에 알려지셨도다
2 그의 장막은 살렘에 있음이여 그의 처소는 시온에 있
도다
3 거기에서 그가 화살과 방패와 칼과 전쟁을 없이하셨
도다 (셀라)
4 주는 약탈한 산에서 영화로우시며 존귀하시도다
5 마음이 강한 자도 가진 것을 빼앗기고 잠에 빠질 것
이며 장사들도 모두 그들에게 도움을 줄 손을 만날
수 없도다
6 야곱의 하나님이여 주께서 꾸짖으시매 병거와 말이
다 깊이 잠들었나이다
7 주께서는 경외 받을 이시니 주께서 한 번 노하실 때
에 누가 주의 목전에 서리이까

76

8 주께서 하늘에서 판결을 선포하시매 땅이 두려워 잠
잠하였나니
9 곧 하나님이 땅의 모든 온유한 자를 구원하시려고 심
판하러 일어나신 때에로다 (셀라)
10 진실로 사람의 노여움은 주를 찬송하게 될 것이요 그
남은 노여움은 주께서 금하시리이다
11 너희는 여호와 너희 하나님께 서원하고 갚으라 사방
에 있는 모든 사람도 마땅히 경외할 이에게 예물을
드릴지로다
12 그가 고관들의 기를 꺾으시리니 그는 세상의 왕들에
게 두려움이시로다

77

1 내가 내 음성으로 하나님께 부르짖으리니 내 음성으
로 하나님께 부르짖으면 내게 귀를 기울이시리로다
2 나의 환난 날에 내가 주를 찾았으며 밤에는 내 손을
들고 거두지 아니하였나니 내 영혼이 위로 받기를 거
절하였도다
3 내가 하나님을 기억하고 불안하여 근심하니 내 심령
이 상하도다 (셀라)
4 주께서 내가 눈을 붙이지 못하게 하시니 내가 괴로워
말할 수 없나이다
5 내가 옛날 곧 지나간 세월을 생각하였사오며
6 밤에 부른 노래를 내가 기억하여 내 심령으로, 내가
내 마음으로 간구하기를
7 주께서 영원히 버리실까, 다시는 은혜를 베풀지 아니
하실까,

77

8 그의 인자하심은 영원히 끝났는가, 그의 약속하심도
영구히 폐하였는가,
9 하나님이 그가 베푸실 은혜를 잊으셨는가, 노하심으
로 그가 베푸실 긍휼을 그치셨는가 하였나이다 (셀라)
10 또 내가 말하기를 이는 나의 잘못이라 지존자의 오른
손의 해
11 곧 여호와의 일들을 기억하며 주께서 옛적에 행하신
기이한 일을 기억하리이다
12 또 주의 모든 일을 작은 소리로 읊조리며 주의 행사
를 낮은 소리로 되뇌이리이다
13 하나님이여 주의 도는 극히 거룩하시오니 하나님과
같이 위대하신 신이 누구오니이까
14 주는 기이한 일을 행하신 하나님이시라 민족들 중에
주의 능력을 알리시고

15 주의 팔로 주의 백성 곧 야곱과 요셉의 자손을 속량
하셨나이다 (셀라)
16 하나님이여 물들이 주를 보았나이다 물들이 주를 보
고 두려워하며 깊음도 진동하였고
17 구름이 물을 쏟고 궁창이 소리를 내며 주의 화살도
날아갔나이다
18 회오리바람 중에 주의 우렛소리가 있으며 번개가 세
계를 비추며 땅이 흔들리고 움직였나이다
19 주의 길이 바다에 있었고 주의 곧은 길이 큰물에 있
었으나 주의 발자취를 알 수 없었나이다
20 주의 백성을 양 떼같이 모세와 아론의 손으로 인도하
셨나이다

78

1 내 백성이여, 내 율법을 들으며 내 입의 말에 귀를 기
울일지어다
2 내가 입을 열어 비유로 말하며 예로부터 감추어졌던
것을 드러내려 하니
3 이는 우리가 들어서 아는 바요 우리의 조상들이 우리
에게 전한 바라
4 우리가 이를 그들의 자손에게 숨기지 아니하고 여호
와의 영예와 그의 능력과 그가 행하신 기이한 사적을
후대에 전하리로다
5 여호와께서 증거를 야곱에게 세우시며 법도를 이스
라엘에게 정하시고 우리 조상들에게 명령하사 그들
의 자손에게 알리라 하셨으니
6 이는 그들로 후대 곧 태어날 자손에게 이를 알게 하
고 그들은 일어나 그들의 자손에게 일러서

78

7 그들로 그들의 소망을 하나님께 두며 하나님께서 행
하신 일을 잊지 아니하고 오직 그의 계명을 지켜서
8 그들의 조상들 곧 완고하고 패역하여 그들의 마음이
정직하지 못하며 그 심령이 하나님께 충성하지 아니
하는 세대와 같이 되지 아니하게 하려 하심이로다
9 에브라임 자손은 무기를 갖추며 활을 가졌으나 전쟁
의 날에 물러갔도다
10 그들이 하나님의 언약을 지키지 아니하고 그의 율법
준행을 거절하며
11 여호와께서 행하신 것과 그들에게 보이신 그의 기이
한 일을 잊었도다
12 옛적에 하나님이 애굽 땅 소안 들에서 기이한 일을
그들의 조상들의 목전에서 행하셨으되
13 그가 바다를 갈라 물을 무더기같이 서게 하시고 그들
을 지나가게 하셨으며

14 낮에는 구름으로, 밤에는 불빛으로 인도하셨으며
15 광야에서 반석을 쪼개시고 매우 깊은 곳에서 나오는
물처럼 흡족하게 마시게 하셨으며
16 또 바위에서 시내를 내사 물이 강같이 흐르게 하셨으
나
17 그들은 계속해서 하나님께 범죄하여 메마른 땅에서
지존자를 배반하였도다
18 그들이 그들의 탐욕대로 음식을 구하여 그들의 심중
에 하나님을 시험하였으며
19 그뿐 아니라 하나님을 대적하여 말하기를 하나님이
광야에서 식탁을 베푸실 수 있으랴
20 보라 그가 반석을 쳐서 물을 내시니 시내가 넘쳤으나
그가 능히 떡도 주시며 자기 백성을 위하여 고기도
예비하시랴 하였도다

21 그러므로 여호와께서 듣고 노하셨으며 야곱에게 불
같이 노하셨고 또한 이스라엘에게 진노가 불타올랐
으니
22 이는 하나님을 믿지 아니하며 그의 구원을 의지하지
아니한 때문이로다
23 그러나 그가 위의 궁창을 명령하시며 하늘 문을 여시
고
24 그들에게 만나를 비같이 내려 먹이시며 하늘 양식을
그들에게 주셨나니
25 사람이 힘센 자의 떡을 먹었으며 그가 음식을 그들에
게 충족히 주셨도다
26 그가 동풍을 하늘에서 일게 하시며 그의 권능으로 남
풍을 인도하시고
27 먼지처럼 많은 고기를 비같이 내리시고 나는 새를 바
다의 모래같이 내리셨도다

28 그가 그것들을 그들의 진중에 떨어지게 하사 그들의
거처에 두르셨으므로
29 그들이 먹고 심히 배불렀나니 하나님이 그들의 원대
로 그들에게 주셨도다
30 그러나 그들이 그들의 욕심을 버리지 아니하여 그들
의 먹을 것이 아직 그들의 입에 있을 때에
31 하나님이 그들에게 노염을 나타내사 그들 중 강한 자
를 죽이시며 이스라엘의 청년을 쳐 엎드러뜨리셨도다
32 이러함에도 그들은 여전히 범죄하여 그의 기이한 일
들을 믿지 아니하였으므로
33 하나님이 그들의 날들을 헛되이 보내게 하시며 그들
의 햇수를 두려움으로 보내게 하셨도다
34 하나님이 그들을 죽이실 때에 그들이 그에게 구하며
돌이켜 하나님을 간절히 찾았고

35 하나님이 그들의 반석이시며 지존하신 하나님이 그
들의 구속자이심을 기억하였도다
36 그러나 그들이 입으로 그에게 아첨하며 자기 혀로 그
에게 거짓을 말하였으니
37 이는 하나님께 향하는 그들의 마음이 정함이 없으며
그의 언약에 성실하지 아니하였음이로다
38 오직 하나님은 긍휼하시므로 죄악을 덮어 주시어 멸
망시키지 아니하시고 그의 진노를 여러 번 돌이키시
며 그의 모든 분을 다 쏟아 내지 아니하셨으니
39 그들은 육체이며 가고 다시 돌아오지 못하는 바람임
을 기억하셨음이라
40 그들이 광야에서 그에게 반항하며 사막에서 그를 슬
프시게 함이 몇 번인가
41 그들이 돌이켜 하나님을 거듭거듭 시험하며 이스라
엘의 거룩하신 이를 노엽게 하였도다

42 그들이 그의 권능의 손을 기억하지 아니하며 대적에
게서 그들을 구원하신 날도 기억하지 아니하였도다
43 그때에 하나님이 애굽에서 그의 표적들을, 소안 들에
서 그의 징조들을 나타내사
44 그들의 강과 시내를 피로 변하여 그들로 마실 수 없
게 하시며
45 쇠파리 떼를 그들에게 보내어 그들을 물게 하시고 개
구리를 보내어 해하게 하셨으며
46 그들의 토산물을 황충에게 주셨고 그들이 수고한 것
을 메뚜기에게 주셨으며
47 그들의 포도나무를 우박으로, 그들의 뽕나무를 서리
로 죽이셨으며
48 그들의 가축을 우박에, 그들의 양 떼를 번갯불에 넘
기셨으며

49 그의 맹렬한 노여움과 진노와 분노와 고난 곧 재앙의
천사들을 그들에게 내려보내셨으며
50 그는 진노로 길을 닦으사 그들의 목숨이 죽음을 면
하지 못하게 하시고 그들의 생명을 전염병에 붙이셨
으며
51 애굽에서 모든 장자 곧 함의 장막에 있는 그들의 기
력의 처음 것을 치셨으나
52 그가 자기 백성은 양같이 인도하여 내시고 광야에서
양 떼같이 지도하셨도다
53 그들을 안전히 인도하시니 그들은 두려움이 없었으
나 그들의 원수는 바다에 빠졌도다
54 그들을 그의 성소의 영역 곧 그의 오른손으로 만드신
산으로 인도하시고

55 또 나라를 그들의 앞에서 쫓아내시며 줄을 쳐서 그들
의 소유를 분배하시고 이스라엘의 지파들이 그들의
장막에 살게 하셨도다
56 그러나 그들은 지존하신 하나님을 시험하고 반항하
여 그의 명령을 지키지 아니하며
57 그들의 조상들같이 배반하고 거짓을 행하여 속이는
활같이 빗나가서
58 자기 산당들로 그의 노여움을 일으키며 그들의 조각
한 우상들로 그를 진노하게 하였으매
59 하나님이 들으시고 분 내어 이스라엘을 크게 미워하
사
60 사람 가운데 세우신 장막 곧 실로의 성막을 떠나시고
61 그가 그의 능력을 포로에게 넘겨주시며 그의 영광을
대적의 손에 붙이시고

62 그가 그의 소유 때문에 분 내사 그의 백성을 칼에 넘
기셨으니
63 그들의 청년은 불에 살라지고 그들의 처녀들은 혼인
노래를 들을 수 없었으며
64 그들의 제사장들은 칼에 엎드러지고 그들의 과부들
은 애곡도 하지 못하였도다
65 그때에 주께서 잠에서 깨어난 것처럼, 포도주를 마시
고 고함치는 용사처럼 일어나사
66 그의 대적들을 쳐 물리쳐서 영원히 그들에게 욕되게
하셨도다
67 또 요셉의 장막을 버리시며 에브라임 지파를 택하지
아니하시고
68 오직 유다 지파와 그가 사랑하시는 시온 산을 택하시
며

69 그의 성소를 산의 높음같이, 영원히 두신 땅같이 지
으셨도다
70 또 그의 종 다윗을 택하시되 양의 우리에서 취하시며
71 젖양을 지키는 중에서 그들을 이끌어 내사 그의 백성
인 야곱, 그의 소유인 이스라엘을 기르게 하셨더니
72 이에 그가 그들을 자기 마음의 완전함으로 기르고 그
의 손의 능숙함으로 그들을 지도하였도다

79

1 하나님이여 이방 나라들이 주의 기업의 땅에 들어와
서 주의 성전을 더럽히고 예루살렘이 돌무더기가 되
게 하였나이다
2 그들이 주의 종들의 시체를 공중의 새에게 밥으로,
주의 성도들의 육체를 땅의 짐승에게 주며
3 그들의 피를 예루살렘 사방에 물같이 흘렸으나 그들
을 매장하는 자가 없었나이다
4 우리는 우리 이웃에게 비방 거리가 되며 우리를 에워
싼 자에게 조소와 조롱거리가 되었나이다
5 여호와여 어느 때까지니이까 영원히 노하시리이까
주의 질투가 불붙듯 하시리이까
6 주를 알지 아니하는 민족들과 주의 이름을 부르지 아
니하는 나라들에게 주의 노를 쏟으소서

79

7 그들이 야곱을 삼키고 그의 거처를 황폐하게 함이니
이다
8 우리 조상들의 죄악을 기억하지 마시고 주의 긍휼로
우리를 속히 영접하소서 우리가 매우 가련하게 되었
나이다
9 우리 구원의 하나님이여 주의 이름의 영광스러운 행
사를 위하여 우리를 도우시며 주의 이름을 증거하기
위하여 우리를 건지시며 우리 죄를 사하소서
10 이방 나라들이 어찌하여 그들의 하나님이 어디 있느
냐 말하나이까 주의 종들이 피 흘림에 대한 복수를
우리의 목전에서 이방 나라에게 보여 주소서
11 갇힌 자의 탄식을 주의 앞에 이르게 하시며 죽이기로
정해진 자도 주의 크신 능력을 따라 보존하소서

12 주여 우리 이웃이 주를 비방한 그 비방을 그들의 품
에 칠 배나 갚으소서
13 우리는 주의 백성이요 주의 목장의 양이니 우리는 영
원히 주께 감사하며 주의 영예를 대대에 전하리이다

80

1 요셉을 양 떼같이 인도하시는 이스라엘의 목자여 귀
를 기울이소서 그룹 사이에 좌정하신 이여 빛을 비추
소서
2 에브라임과 베냐민과 므낫세 앞에서 주의 능력을 나
타내사 우리를 구원하러 오소서
3 하나님이여 우리를 돌이키시고 주의 얼굴빛을 비추
사 우리가 구원을 얻게 하소서
4 만군의 하나님 여호와여 주의 백성의 기도에 대하여
어느 때까지 노하시리이까
5 주께서 그들에게 눈물의 양식을 먹이시며 많은 눈물
을 마시게 하셨나이다
6 우리를 우리 이웃에게 다툼거리가 되게 하시니 우리
원수들이 서로 비웃나이다

80

7 만군의 하나님이여 우리를 회복하여 주시고 주의 얼
굴의 광채를 비추사 우리가 구원을 얻게 하소서
8 주께서 한 포도나무를 애굽에서 가져다가 민족들을
쫓아내시고 그것을 심으셨나이다
9 주께서 그 앞서 가꾸셨으므로 그 뿌리가 깊이 박혀서
땅에 가득하며
10 그 그늘이 산들을 가리고 그 가지는 하나님의 백향목
같으며
11 그 가지가 바다까지 뻗고 넝쿨이 강까지 미쳤거늘
12 주께서 어찌하여 그 담을 허시사 길을 지나가는 모든
이들이 그것을 따게 하셨나이까
13 숲 속의 멧돼지들이 상해하며 들짐승들이 먹나이다
14 만군의 하나님이여 구하옵나니 돌아오소서 하늘에
서 굽어보시고 이 포도나무를 돌보소서

15 주의 오른손으로 심으신 줄기요 주를 위하여 힘 있게
하신 가지니이다
16 그것이 불타고 베임을 당하며 주의 면책으로 말미암
아 멸망하오니
17 주의 오른쪽에 있는 자 곧 주를 위하여 힘 있게 하신
인자에게 주의 손을 얹으소서
18 그리하시면 우리가 주에게서 물러가지 아니하오리
니 우리를 소생하게 하소서 우리가 주의 이름을 부르
리이다
19 만군의 하나님 여호와여 우리를 돌이켜 주시고 주의
얼굴의 광채를 우리에게 비추소서 우리가 구원을 얻
으리이다

81

1 우리의 능력이 되시는 하나님을 향하여 기쁘게 노래
하며 야곱의 하나님을 향하여 즐거이 소리칠지어다
2 시를 읊으며 소고를 치고 아름다운 수금에 비파를 아
우를지어다
3 초하루와 보름과 우리의 명절에 나팔을 불지어다
4 이는 이스라엘의 율례요 야곱의 하나님의 규례로다
5 하나님이 애굽 땅을 치러 나아가시던 때에 요셉의 족
속 중에 이를 증거로 세우셨도다 거기서 내가 알지
못하던 말씀을 들었나니
6 이르시되 내가 그의 어깨에서 짐을 벗기고 그의 손에
서 광주리를 놓게 하였도다
7 네가 고난 중에 부르짖으매 내가 너를 건졌고 우렛소
리의 은밀한 곳에서 네게 응답하며 므리바 물가에서
너를 시험하였도다 (셀라)

81

8 내 백성이여 들으라 내가 네게 증언하리라 이스라엘
이여 내게 듣기를 원하노라
9 너희 중에 다른 신을 두지 말며 이방 신에게 절하지
말지어다
10 나는 너를 애굽 땅에서 인도하여 낸 여호와 네 하나
님이니 네 입을 크게 열라 내가 채우리라 하였으나
11 내 백성이 내 소리를 듣지 아니하며 이스라엘이 나를
원하지 아니하였도다
12 그러므로 내가 그의 마음을 완악한 대로 버려두어 그
의 임의대로 행하게 하였도다
13 내 백성아 내 말을 들으라 이스라엘아 내 도를 따르
라
14 그리하면 내가 속히 그들의 원수를 누르고 내 손을
돌려 그들의 대적들을 치리니

15 여호와를 미워하는 자는 그에게 복종하는 체할지라
도 그들의 시대는 영원히 계속되리라
16 또 내가 기름진 밀을 그들에게 먹이며 반석에서 나오
는 꿀로 너를 만족하게 하리라 하셨도다

82

1 하나님은 신들의 모임 가운데에 서시며 하나님은 그
들 가운데에서 재판하시느니라
2 너희가 불공평한 판단을 하며 악인의 낯 보기를 언제
까지 하려느냐 (셀라)
3 가난한 자와 고아를 위하여 판단하며 곤란한 자와 빈
궁한 자에게 공의를 베풀지며
4 가난한 자와 궁핍한 자를 구원하여 악인들의 손에서
건질지니라 하시는도다
5 그들은 알지도 못하고 깨닫지도 못하여 흑암 중에 왕
래하니 땅의 모든 터가 흔들리도다
6 내가 말하기를 너희는 신들이며 다 지존자의 아들들
이라 하였으나

82

7 그러나 너희는 사람처럼 죽으며 고관의 하나같이 넘
어지리로다
8 하나님이여 일어나사 세상을 심판하소서 모든 나라
가 주의 소유이기 때문이니이다

83

1 하나님이여 침묵하지 마소서 하나님이여 잠잠하지
마시고 조용하지 마소서
2 무릇 주의 원수들이 떠들며 주를 미워하는 자들이 머
리를 들었나이다
3 그들이 주의 백성을 치려 하여 간계를 꾀하며 주께서
숨기신 자를 치려고 서로 의논하여
4 말하기를 가서 그들을 멸하여 다시 나라가 되지 못하
게 하여 이스라엘의 이름으로 다시는 기억되지 못하
게 하자 하나이다
5 그들이 한마음으로 의논하고 주를 대적하여 서로 동
맹하니
6 곧 에돔의 장막과 이스마엘인과 모압과 하갈인이며
7 그발과 암몬과 아말렉이며 블레셋과 두로 사람이요

83

8 앗수르도 그들과 연합하여 롯 자손의 도움이 되었나
이다 (셀라)
9 주는 미디안인에게 행하신 것같이, 기손 시내에서 시
스라와 야빈에게 행하신 것같이 그들에게도 행하소서
10 그들은 엔돌에서 패망하여 땅에 거름이 되었나이다
11 그들의 귀인들이 오렙과 스엡 같게 하시며 그들의 모
든 고관들은 세바와 살문나와 같게 하소서
12 그들이 말하기를 우리가 하나님의 목장을 우리의 소
유로 취하자 하였나이다
13 나의 하나님이여 그들이 굴러가는 검불 같게 하시며
바람에 날리는 지푸라기 같게 하소서
14 삼림을 사르는 불과 산에 붙는 불길같이
15 주의 광풍으로 그들을 쫓으시며 주의 폭풍으로 그들
을 두렵게 하소서

16 여호와여 그들의 얼굴에 수치가 가득하게 하사 그들
이 주의 이름을 찾게 하소서
17 그들로 수치를 당하여 영원히 놀라게 하시며 낭패와
멸망을 당하게 하사
18 여호와라 이름하신 주만 온 세계의 지존자로 알게 하
소서

84

1 만군의 여호와여 주의 장막이 어찌 그리 사랑스러운지요
2 내 영혼이 여호와의 궁정을 사모하여 쇠약함이여 내 마음과 육체가 살아 계시는 하나님께 부르짖나이다
3 나의 왕, 나의 하나님, 만군의 여호와여 주의 제단에서 참새도 제 집을 얻고 제비도 새끼 둘 보금자리를 얻었나이다
4 주의 집에 사는 자들은 복이 있나니 그들이 항상 주를 찬송하리이다 (셀라)
5 주께 힘을 얻고 그 마음에 시온의 대로가 있는 자는 복이 있나이다
6 그들이 눈물 골짜기로 지나갈 때에 그곳에 많은 샘이 있을 것이며 이른 비가 복을 채워 주나이다

84

7 그들은 힘을 얻고 더 얻어 나아가 시온에서 하나님
앞에 각기 나타나리이다
8 만군의 하나님 여호와여 내 기도를 들으소서 야곱의
하나님이여 귀를 기울이소서 (셀라)
9 우리 방패이신 하나님이여 주께서 기름 부으신 자의
얼굴을 살펴보옵소서
10 주의 궁정에서의 한 날이 다른 곳에서의 천 날보다
나은즉 악인의 장막에 사는 것보다 내 하나님의 성전
문지기로 있는 것이 좋사오니
11 여호와 하나님은 해요 방패이시라 여호와께서 은혜
와 영화를 주시며 정직하게 행하는 자에게 좋은 것을
아끼지 아니하실 것임이니이다
12 만군의 여호와여 주께 의지하는 자는 복이 있나이다

85

1 여호와여 주께서 주의 땅에 은혜를 베푸사 야곱의 포
로 된 자들이 돌아오게 하셨으며
2 주의 백성의 죄악을 사하시고 그들의 모든 죄를 덮으
셨나이다 (셀라)
3 주의 모든 분노를 거두시며 주의 진노를 돌이키셨나
이다
4 우리 구원의 하나님이여 우리를 돌이키시고 우리에
게 향하신 주의 분노를 거두소서
5 주께서 우리에게 영원히 노하시며 대대에 진노하시
겠나이까
6 주께서 우리를 다시 살리사 주의 백성이 주를 기뻐하
도록 하지 아니하시겠나이까
7 여호와여 주의 인자하심을 우리에게 보이시며 주의
구원을 우리에게 주소서

8 내가 하나님 여호와께서 하실 말씀을 들으리니 무릇
그의 백성, 그의 성도들에게 화평을 말씀하실 것이라
그들은 다시 어리석은 데로 돌아가지 말지로다
9 진실로 그의 구원이 그를 경외하는 자에게 가까우니
영광이 우리 땅에 머무르리이다
10 인애와 진리가 같이 만나고 의와 화평이 서로 입 맞
추었으며
11 진리는 땅에서 솟아나고 의는 하늘에서 굽어보도다
12 여호와께서 좋은 것을 주시리니 우리 땅이 그 산물을
내리로다
13 의가 주의 앞에 앞서 가며 주의 길을 닦으리로다

86

1 여호와여 나는 가난하고 궁핍하오니 주의 귀를 기울
여 내게 응답하소서
2 나는 경건하오니 내 영혼을 보존하소서 내 주 하나님
이여 주를 의지하는 종을 구원하소서
3 주여 내게 은혜를 베푸소서 내가 종일 주께 부르짖나
이다
4 주여 내 영혼이 주를 우러러보오니 주여 내 영혼을
기쁘게 하소서
5 주는 선하사 사죄하기를 즐거워하시며 주께 부르짖
는 자에게 인자함이 후하심이니이다
6 여호와여 나의 기도에 귀를 기울이시고 내가 간구하
는 소리를 들으소서
7 나의 환난 날에 내가 주께 부르짖으리니 주께서 내게
응답하시리이다

86

8 주여 신들 중에 주와 같은 자 없사오며 주의 행하심
과 같은 일도 없나이다
9 주여 주께서 지으신 모든 민족이 와서 주의 앞에 경
배하며 주의 이름에 영광을 돌리리이다
10 무릇 주는 위대하사 기이한 일들을 행하시오니 주만
이 하나님이시니이다
11 여호와여 주의 도를 내게 가르치소서 내가 주의 진
리에 행하오리니 일심으로 주의 이름을 경외하게 하
소서
12 주 나의 하나님이여 내가 전심으로 주를 찬송하고 영
원토록 주의 이름에 영광을 돌리오리니
13 이는 내게 향하신 주의 인자하심이 크사 내 영혼을
깊은 스올에서 건지셨음이니이다

14 하나님이여 교만한 자들이 일어나 나를 치고 포악한
자의 무리가 내 영혼을 찾았사오며 자기 앞에 주를
두지 아니하였나이다
15 그러나 주여 주는 긍휼히 여기시며 은혜를 베푸시며
노하기를 더디 하시며 인자와 진실이 풍성하신 하나
님이시오니
16 내게로 돌이키사 내게 은혜를 베푸소서 주의 종에게
힘을 주시고 주의 여종의 아들을 구원하소서
17 은총의 표적을 내게 보이소서 그러면 나를 미워하는
그들이 보고 부끄러워하오리니 여호와여 주는 나를
돕고 위로하시는 이시니이다

87

88

1 여호와 내 구원의 하나님이여 내가 주야로 주 앞에서
부르짖었사오니
2 나의 기도가 주 앞에 이르게 하시며 나의 부르짖음에
주의 귀를 기울여 주소서
3 무릇 나의 영혼에는 재난이 가득하며 나의 생명은 스
올에 가까웠사오니
4 나는 무덤에 내려가는 자같이 인정되고 힘없는 용사
와 같으며
5 죽은 자 중에 던져진 바 되었으며 죽임을 당하여 무
덤에 누운 자 같으니이다 주께서 그들을 다시 기억하
지 아니하시니 그들은 주의 손에서 끊어진 자니이다
6 주께서 나를 깊은 웅덩이와 어둡고 음침한 곳에 두셨
사오며

88

7 주의 노가 나를 심히 누르시고 주의 모든 파도가 나
를 괴롭게 하셨나이다 (셀라)
8 주께서 내가 아는 자를 내게서 멀리 떠나게 하시고
나를 그들에게 가증한 것이 되게 하셨사오니 나는 갇
혀서 나갈 수 없게 되었나이다
9 곤란으로 말미암아 내 눈이 쇠하였나이다 여호와여
내가 매일 주를 부르며 주를 향하여 나의 두 손을 들
었나이다
10 주께서 죽은 자에게 기이한 일을 보이시겠나이까 유
령들이 일어나 주를 찬송하리이까 (셀라)
11 주의 인자하심을 무덤에서, 주의 성실하심을 멸망 중
에서 선포할 수 있으리이까
12 흑암 중에서 주의 기적과 잊음의 땅에서 주의 공의를
알 수 있으리이까

13 여호와여 오직 내가 주께 부르짖었사오니 아침에 나
의 기도가 주의 앞에 이르리이다
14 여호와여 어찌하여 나의 영혼을 버리시며 어찌하여
주의 얼굴을 내게서 숨기시나이까
15 내가 어릴 적부터 고난을 당하여 죽게 되었사오며 주
께서 두렵게 하실 때에 당황하였나이다
16 주의 진노가 내게 넘치고 주의 두려움이 나를 끊었나
이다
17 이런 일이 물같이 종일 나를 에우며 함께 나를 둘러
쌌나이다
18 주는 내게서 사랑하는 자와 친구를 멀리 떠나게 하시
며 내가 아는 자를 흑암에 두셨나이다

89

1 내가 여호와의 인자하심을 영원히 노래하며 주의 성
실하심을 내 입으로 대대에 알게 하리이다
2 내가 말하기를 인자하심을 영원히 세우시며 주의 성
실하심을 하늘에서 견고히 하시리라 하였나이다
3 주께서 이르시되 나는 내가 택한 자와 언약을 맺으며
내 종 다윗에게 맹세하기를
4 내가 네 자손을 영원히 견고히 하며 네 왕위를 대대
에 세우리라 하셨나이다 (셀라)
5 여호와여 주의 기이한 일을 하늘이 찬양할 것이요 주
의 성실도 거룩한 자들의 모임 가운데에서 찬양하리
이다
6 무릇 구름 위에서 능히 여호와와 비교할 자 누구며
신들 중에서 여호와와 같은 자 누구리이까

89

7 하나님은 거룩한 자의 모임 가운데에서 매우 무서워
할 이시오며 둘러 있는 모든 자 위에 더욱 두려워할
이시니이다
8 여호와 만군의 하나님이여 주와 같이 능력 있는 이가
누구리이까 여호와여 주의 성실하심이 주를 둘렀나
이다
9 주께서 바다의 파도를 다스리시며 그 파도가 일어날
때에 잔잔하게 하시나이다
10 주께서 라합을 죽임 당한 자같이 깨뜨리시고 주의 원
수를 주의 능력의 팔로 흩으셨나이다
11 하늘이 주의 것이요 땅도 주의 것이라 세계와 그중에
충만한 것을 주께서 건설하셨나이다
12 남북을 주께서 창조하셨으니 다볼과 헤르몬이 주의
이름으로 말미암아 즐거워하나이다

13 주의 팔에 능력이 있사오며 주의 손은 강하고 주의
오른손은 높이 들리우셨나이다
14 의와 공의가 주의 보좌의 기초라 인자함과 진실함이
주 앞에 있나이다
15 즐겁게 소리칠 줄 아는 백성은 복이 있나니 여호와여
그들이 주의 얼굴빛 안에서 다니리로다
16 그들은 종일 주의 이름 때문에 기뻐하며 주의 공의로
말미암아 높아지오니
17 주는 그들의 힘의 영광이심이라 우리의 뿔이 주의 은
총으로 높아지오리니
18 우리의 방패는 여호와께 속하였고 우리의 왕은 이스
라엘의 거룩한 이에게 속하였기 때문이니이다
19 그때에 주께서 환상 중에 주의 성도들에게 말씀하여
이르시기를 내가 능력 있는 용사에게는 돕는 힘을 더
하며 백성 중에서 택함 받은 자를 높였으되

20 내가 내 종 다윗을 찾아내어 나의 거룩한 기름을 그
에게 부었도다
21 내 손이 그와 함께하여 견고하게 하고 내 팔이 그를
힘이 있게 하리로다
22 원수가 그에게서 강탈하지 못하며 악한 자가 그를 곤
고하게 못하리로다
23 내가 그의 앞에서 그 대적들을 박멸하며 그를 미워하
는 자들을 치려니와
24 나의 성실함과 인자함이 그와 함께하리니 내 이름으
로 말미암아 그의 뿔이 높아지리로다
25 내가 또 그의 손을 바다 위에 놓으며 오른손을 강들
위에 놓으리니
26 그가 내게 부르기를 주는 나의 아버지시요 나의 하나
님이시요 나의 구원의 바위시라 하리로다

27 내가 또 그를 장자로 삼고 세상 왕들에게 지존자가
되게 하며
28 그를 위하여 나의 인자함을 영원히 지키고 그와 맺은
나의 언약을 굳게 세우며
29 또 그의 후손을 영구하게 하여 그의 왕위를 하늘의
날과 같게 하리로다
30 만일 그의 자손이 내 법을 버리며 내 규례대로 행하
지 아니하며
31 내 율례를 깨뜨리며 내 계명을 지키지 아니하면
32 내가 회초리로 그들의 죄를 다스리며 채찍으로 그들
의 죄악을 벌하리로다
33 그러나 나의 인자함을 그에게서 다 거두지는 아니하
며 나의 성실함도 폐하지 아니하며
34 내 언약을 깨뜨리지 아니하고 내 입술에서 낸 것은
변하지 아니하리로다

35 내가 나의 거룩함으로 한 번 맹세하였은즉 다윗에게
거짓말을 하지 아니할 것이라
36 그의 후손이 장구하고 그의 왕위는 해같이 내 앞에
항상 있으며
37 또 궁창의 확실한 증인인 달같이 영원히 견고하게 되
리라 하셨도다 (셀라)
38 그러나 주께서 주의 기름 부음 받은 자에게 노하사
물리치셔서 버리셨으며
39 주의 종의 언약을 미워하사 그의 관을 땅에 던져 욕
되게 하셨으며
40 그의 모든 울타리를 파괴하시며 그 요새를 무너뜨리
셨으므로
41 길로 지나가는 자들에게 다 탈취를 당하며 그의 이웃
에게 욕을 당하나이다

42 주께서 그의 대적들의 오른손을 높이시고 그들의 모
든 원수들은 기쁘게 하셨으나
43 그의 칼날은 둔하게 하사 그가 전장에서 더 이상 버
티지 못하게 하셨으며
44 그의 영광을 그치게 하시고 그의 왕위를 땅에 엎으셨
으며
45 그의 젊은 날들을 짧게 하시고 그를 수치로 덮으셨나
이다 (셀라)
46 여호와여 언제까지니이까 스스로 영원히 숨기시리
이까 주의 노가 언제까지 불붙듯 하시겠나이까
47 나의 때가 얼마나 짧은지 기억하소서 주께서 모든 사
람을 어찌 그리 허무하게 창조하셨는지요
48 누가 살아서 죽음을 보지 아니하고 자기의 영혼을 스
올의 권세에서 건지리이까 (셀라)

49 주여 주의 성실하심으로 다윗에게 맹세하신 그 전의
인자하심이 어디 있나이까
50 주는 주의 종들이 받은 비방을 기억하소서 많은 민족
의 비방이 내 품에 있사오니
51 여호와여 이 비방은 주의 원수들이 주의 기름 부음
받은 자의 행동을 비방한 것이로소이다
52 여호와를 영원히 찬송할지어다 아멘 아멘

90

1 주여 주는 대대에 우리의 거처가 되셨나이다
2 산이 생기기 전, 땅과 세계도 주께서 조성하시기 전
곧 영원부터 영원까지 주는 하나님이시니이다
3 주께서 사람을 티끌로 돌아가게 하시고 말씀하시기
를 너희 인생들은 돌아가라 하셨사오니
4 주의 목전에는 천 년이 지나간 어제 같으며 밤의 한
순간 같을 뿐임이니이다
5 주께서 그들을 홍수처럼 쓸어 가시나이다 그들은 잠
깐 자는 것 같으며 아침에 돋는 풀 같으니이다
6 풀은 아침에 꽃이 피어 자라다가 저녁에는 시들어 마
르나이다
7 우리는 주의 노에 소멸되며 주의 분 내심에 놀라나이
다

8 주께서 우리의 죄악을 주의 앞에 놓으시며 우리의 은
밀한 죄를 주의 얼굴빛 가운데에 두셨사오니
9 우리의 모든 날이 주의 분노 중에 지나가며 우리의
평생이 순식간에 다하였나이다
10 우리의 연수가 칠십이요 강건하면 팔십이라도 그 연
수의 자랑은 수고와 슬픔뿐이요 신속히 가니 우리가
날아가나이다
11 누가 주의 노여움의 능력을 알며 누가 주의 진노의
두려움을 알리이까
12 우리에게 우리 날 계수함을 가르치사 지혜로운 마음
을 얻게 하소서
13 여호와여 돌아오소서 언제까지니이까 주의 종들을
불쌍히 여기소서
14 아침에 주의 인자하심이 우리를 만족하게 하사 우리
를 일생 동안 즐겁고 기쁘게 하소서

15 우리를 괴롭게 하신 날수대로와 우리가 화를 당한 연
수대로 우리를 기쁘게 하소서
16 주께서 행하신 일을 주의 종들에게 나타내시며 주의
영광을 그들의 자손에게 나타내소서
17 주 우리 하나님의 은총을 우리에게 내리게 하사 우리
의 손이 행한 일을 우리에게 견고하게 하소서 우리의
손이 행한 일을 견고하게 하소서

91

1 지존자의 은밀한 곳에 거주하며 전능자의 그늘 아래
에 사는 자여,
2 나는 여호와를 향하여 말하기를 그는 나의 피난처요
나의 요새요 내가 의뢰하는 하나님이라 하리니
3 이는 그가 너를 새 사냥꾼의 올무에서와 심한 전염병
에서 건지실 것임이로다
4 그가 너를 그의 깃으로 덮으시리니 네가 그의 날개
아래에 피하리로다 그의 진실함은 방패와 손 방패가
되시나니
5 너는 밤에 찾아오는 공포와 낮에 날아드는 화살과
6 어두울 때 퍼지는 전염병과 밝을 때 닥쳐오는 재앙을
두려워하지 아니하리로다
7 천 명이 네 왼쪽에서, 만 명이 네 오른쪽에서 엎드러
지나 이 재앙이 네게 가까이하지 못하리로다

91

8 오직 너는 똑똑히 보리니 악인들의 보응을 네가 보리
로다
9 네가 말하기를 여호와는 나의 피난처시라 하고 지존
자를 너의 거처로 삼았으므로
10 화가 네게 미치지 못하며 재앙이 네 장막에 가까이
오지 못하리니
11 그가 너를 위하여 그의 천사들을 명령하사 네 모든
길에서 너를 지키게 하심이라
12 그들이 그들의 손으로 너를 붙들어 발이 돌에 부딪히
지 아니하게 하리로다
13 네가 사자와 독사를 밟으며 젊은 사자와 뱀을 발로
누르리로다
14 하나님이 이르시되 그가 나를 사랑한즉 내가 그를 건
지리라 그가 내 이름을 안즉 내가 그를 높이리라

15 그가 내게 간구하리니 내가 그에게 응답하리라 그들
이 환난 당할 때에 내가 그와 함께하여 그를 건지고
영화롭게 하리라
16 내가 그를 장수하게 함으로 그를 만족하게 하며 나의
구원을 그에게 보이리라 하시도다

92

1-3 지존자여 십현금과 비파와 수금으로 여호와께 감사하
며 주의 이름을 찬양하고 아침마다 주의 인자하심을
알리며 밤마다 주의 성실하심을 베풂이 좋으니이다
4 여호와여 주께서 행하신 일로 나를 기쁘게 하셨으니
주의 손이 행하신 일로 말미암아 내가 높이 외치리
이다
5 여호와여 주께서 행하신 일이 어찌 그리 크신지요 주
의 생각이 매우 깊으시니이다
6 어리석은 자도 알지 못하며 무지한 자도 이를 깨닫지
못하나이다
7 악인들은 풀같이 자라고 악을 행하는 자들은 다 흥왕
할지라도 영원히 멸망하리이다
8 여호와여 주는 영원토록 지존하시니이다

92

9 여호와여 주의 원수들은 패망하리이다 정녕 주의 원
수들은 패망하리니 죄악을 행하는 자들은 다 흩어지
리이다
10 그러나 주께서 내 뿔을 들소의 뿔같이 높이셨으며 내
게 신선한 기름을 부으셨나이다
11 내 원수들이 보응 받는 것을 내 눈으로 보며 일어나 나
를 치는 행악자들이 보응 받는 것을 내 귀로 들었도다
12 의인은 종려나무같이 번성하며 레바논의 백향목같
이 성장하리로다
13 이는 여호와의 집에 심겼음이여 우리 하나님의 뜰 안
에서 번성하리로다
14 그는 늙어도 여전히 결실하며 진액이 풍족하고 빛이
청청하니
15 여호와의 정직하심과 나의 바위 되심과 그에게는 불
의가 없음이 선포되리로다

93

1 여호와께서 다스리시니 스스로 권위를 입으셨도다
여호와께서 능력의 옷을 입으시며 띠를 띠셨으므로
세계도 견고히 서서 흔들리지 아니하는도다
2 주의 보좌는 예로부터 견고히 섰으며 주는 영원부터
계셨나이다
3 여호와여 큰물이 소리를 높였고 큰물이 그 소리를 높
였으니 큰물이 그 물결을 높이나이다
4 높이 계신 여호와의 능력은 많은 물소리와 바다의 큰
파도보다 크니이다
5 여호와여 주의 증거들이 매우 확실하고 거룩함이 주
의 집에 합당하니 여호와는 영원무궁하시리이다

93

94

1 여호와여 복수하시는 하나님이여 복수하시는 하나
님이여 빛을 비추어 주소서
2 세계를 심판하시는 주여 일어나사 교만한 자들에게
마땅한 벌을 주소서
3 여호와여 악인이 언제까지, 악인이 언제까지 개가를
부르리이까
4 그들이 마구 지껄이며 오만하게 떠들며 죄악을 행하
는 자들이 다 자만하나이다
5 여호와여 그들이 주의 백성을 짓밟으며 주의 소유를
곤고하게 하며
6 과부와 나그네를 죽이며 고아들을 살해하며
7 말하기를 여호와가 보지 못하며 야곱의 하나님이 알
아차리지 못하리라 하나이다

94

8 백성 중의 어리석은 자들아 너희는 생각하라 무지한 자들아 너희가 언제나 지혜로울까

9 귀를 지으신 이가 듣지 아니하시랴 눈을 만드신 이가 보지 아니하시랴

10 뭇 백성을 징벌하시는 이 곧 지식으로 사람을 교훈하시는 이가 징벌하지 아니하시랴

11 여호와께서는 사람의 생각이 허무함을 아시느니라

12 여호와여 주로부터 징벌을 받으며 주의 법으로 교훈하심을 받는 자가 복이 있나니

13 이런 사람에게는 환난의 날을 피하게 하사 악인을 위하여 구덩이를 팔 때까지 평안을 주시리이다

14 여호와께서는 자기 백성을 버리지 아니하시며 자기의 소유를 외면하지 아니하시리로다

15 심판이 의로 돌아가리니 마음이 정직한 자가 다 따르리로다

16 누가 나를 위하여 일어나서 행악자들을 치며 누가 나
를 위하여 일어나서 악행하는 자들을 칠까
17 여호와께서 내게 도움이 되지 아니하셨더면 내 영혼
이 벌써 침묵 속에 잠겼으리로다
18 여호와여 나의 발이 미끄러진다고 말할 때에 주의 인
자하심이 나를 붙드셨사오며
19 내 속에 근심이 많을 때에 주의 위안이 내 영혼을 즐
겁게 하시나이다
20 율례를 빙자하고 재난을 꾸미는 악한 재판장이 어찌
주와 어울리리이까
21 그들이 모여 의인의 영혼을 치려 하며 무죄한 자를
정죄하여 피를 흘리려 하나
22 여호와는 나의 요새이시요 나의 하나님은 내가 피할
반석이시라

23 그들의 죄악을 그들에게로 되돌리시며 그들의 악으
로 말미암아 그들을 끊으시리니 여호와 우리 하나님
이 그들을 끊으시리로다

95

1 오라 우리가 여호와께 노래하며 우리의 구원의 반석
을 향하여 즐거이 외치자
2 우리가 감사함으로 그 앞에 나아가며 시를 지어 즐거
이 그를 노래하자
3 여호와는 크신 하나님이시요 모든 신들보다 크신 왕
이시기 때문이로다
4 땅의 깊은 곳이 그의 손안에 있으며 산들의 높은 곳
도 그의 것이로다
5 바다도 그의 것이라 그가 만드셨고 육지도 그의 손이
지으셨도다
6 오라 우리가 굽혀 경배하며 우리를 지으신 여호와 앞
에 무릎을 꿇자

95

7 그는 우리의 하나님이시요 우리는 그가 기르시는 백
성이며 그의 손이 돌보시는 양이기 때문이라 너희가
오늘 그의 음성을 듣거든
8 너희는 므리바에서와 같이 또 광야의 맛사에서 지냈
던 날과 같이 너희 마음을 완악하게 하지 말지어다
9 그때에 너희 조상들이 내가 행한 일을 보고서도 나를
시험하고 조사하였도다
10 내가 사십 년 동안 그 세대로 말미암아 근심하여 이
르기를 그들은 마음이 미혹된 백성이라 내 길을 알지
못한다 하였도다
11 그러므로 내가 노하여 맹세하기를 그들은 내 안식에
들어오지 못하리라 하였도다

96

1 새 노래로 여호와께 노래하라 온 땅이여 여호와께 노
래할지어다
2 여호와께 노래하여 그의 이름을 송축하며 그의 구원
을 날마다 전파할지어다
3 그의 영광을 백성들 가운데에, 그의 기이한 행적을
만민 가운데에 선포할지어다
4 여호와는 위대하시니 지극히 찬양할 것이요 모든 신
들보다 경외할 것임이여
5 만국의 모든 신들은 우상들이지만 여호와께서는 하
늘을 지으셨음이로다
6 존귀와 위엄이 그의 앞에 있으며 능력과 아름다움이
그의 성소에 있도다
7 만국의 족속들아 영광과 권능을 여호와께 돌릴지어
다 여호와께 돌릴지어다

96

8 여호와의 이름에 합당한 영광을 그에게 돌릴지어다
예물을 들고 그의 궁정에 들어갈지어다
9 아름답고 거룩한 것으로 여호와께 예배할지어다 온
땅이여 그 앞에서 떨지어다
10 모든 나라 가운데서 이르기를 여호와께서 다스리시
니 세계가 굳게 서고 흔들리지 않으리라 그가 만민을
공평하게 심판하시리라 할지로다
11 하늘은 기뻐하고 땅은 즐거워하며 바다와 거기에 충
만한 것이 외치고
12 밭과 그 가운데에 있는 모든 것은 즐거워할지로다 그
때 숲의 모든 나무들이 여호와 앞에서 즐거이 노래하
리니
13 그가 임하시되 땅을 심판하러 임하실 것임이라 그가
의로 세계를 심판하시며 그의 진실하심으로 백성을
심판하시리로다

97

1 여호와께서 다스리시나니 땅은 즐거워하며 허다한
섬은 기뻐할지어다
2 구름과 흑암이 그를 둘렀고 의와 공평이 그의 보좌의
기초로다
3 불이 그의 앞에서 나와 사방의 대적들을 불사르시는
도다
4 그의 번개가 세계를 비추니 땅이 보고 떨었도다
5 산들이 여호와의 앞 곧 온 땅의 주 앞에서 밀랍같이
녹았도다
6 하늘이 그의 의를 선포하니 모든 백성이 그의 영광을
보았도다
7 조각한 신상을 섬기며 허무한 것으로 자랑하는 자는
다 수치를 당할 것이라 너희 신들아 여호와께 경배할
지어다

97

8 여호와여 시온이 주의 심판을 듣고 기뻐하며 유다의
딸들이 즐거워하였나이다
9 여호와여 주는 온 땅 위에 지존하시고 모든 신들보다
위에 계시니이다
10 여호와를 사랑하는 너희여 악을 미워하라 그가 그의
성도의 영혼을 보전하사 악인의 손에서 건지시느니
라
11 의인을 위하여 빛을 뿌리고 마음이 정직한 자를 위하
여 기쁨을 뿌리시는도다
12 의인이여 너희는 여호와로 말미암아 기뻐하며 그의
거룩한 이름에 감사할지어다

98

1 새 노래로 여호와께 찬송하라 그는 기이한 일을 행하
사 그의 오른손과 거룩한 팔로 자기를 위하여 구원을
베푸셨음이로다
2 여호와께서 그의 구원을 알게 하시며 그의 공의를 뭇
나라의 목전에서 명백히 나타내셨도다
3 그가 이스라엘의 집에 베푸신 인자와 성실을 기억하
셨으므로 땅끝까지 이르는 모든 것이 우리 하나님의
구원을 보았도다
4 온 땅이여 여호와께 즐거이 소리칠지어다 소리 내어
즐겁게 노래하며 찬송할지어다
5 수금으로 여호와를 노래하라 수금과 음성으로 노래
할지어다
6 나팔과 호각 소리로 왕이신 여호와 앞에 즐겁게 소리
칠지어다

98

7 바다와 거기 충만한 것과 세계와 그중에 거주하는 자
는 다 외칠지어다
8 여호와 앞에서 큰물은 박수할지어다 산악이 함께 즐
겁게 노래할지어다
9 그가 땅을 심판하러 임하실 것임이로다 그가 의로 세
계를 판단하시며 공평으로 그의 백성을 심판하시리
로다

99

1 여호와께서 다스리시니 만민이 떨 것이요 여호와께
서 그룹 사이에 좌정하시니 땅이 흔들릴 것이로다
2 시온에 계시는 여호와는 위대하시고 모든 민족보다
높으시도다
3 주의 크고 두려운 이름을 찬송할지니 그는 거룩하심
이로다
4 능력 있는 왕은 정의를 사랑하느니라 주께서 공의를
견고하게 세우시고 주께서 야곱에게 정의와 공의를
행하시나이다
5 너희는 여호와 우리 하나님을 높여 그의 발등상 앞에
서 경배할지어다 그는 거룩하시도다
6 그의 제사장들 중에는 모세와 아론이 있고 그의 이름
을 부르는 자들 중에는 사무엘이 있도다 그들이 여호
와께 간구하매 응답하셨도다

99

7 여호와께서 구름 기둥 가운데서 그들에게 말씀하시
니 그들은 그가 그들에게 주신 증거와 율례를 지켰
도다
8 여호와 우리 하나님이여 주께서는 그들에게 응답하
셨고 그들의 행한 대로 갚기는 하셨으나 그들을 용서
하신 하나님이시니이다
9 너희는 여호와 우리 하나님을 높이고 그 성산에서 예
배할지어다 여호와 우리 하나님은 거룩하심이로다

100

1 온 땅이여 여호와께 즐거운 찬송을 부를지어다
2 기쁨으로 여호와를 섬기며 노래하면서 그의 앞에 나
아갈지어다
3 여호와가 우리 하나님이신 줄 너희는 알지어다 그는
우리를 지으신 이요 우리는 그의 것이니 그의 백성이
요 그의 기르시는 양이로다
4 감사함으로 그의 문에 들어가며 찬송함으로 그의 궁
정에 들어가서 그에게 감사하며 그의 이름을 송축할
지어다
5 여호와는 선하시니 그의 인자하심이 영원하고 그의
성실하심이 대대에 이르리로다

100

101

1 내가 인자와 정의를 노래하겠나이다 여호와여 내가
주께 찬양하리이다
2 내가 완전한 길을 주목하오리니 주께서 어느 때나 내
게 임하시겠나이까 내가 완전한 마음으로 내 집 안에
서 행하리이다
3 나는 비천한 것을 내 눈앞에 두지 아니할 것이요 배
교자들의 행위를 내가 미워하오리니 나는 그 어느 것
도 붙들지 아니하리이다
4 사악한 마음이 내게서 떠날 것이니 악한 일을 내가
알지 아니하리로다
5 자기의 이웃을 은근히 헐뜯는 자를 내가 멸할 것이요
눈이 높고 마음이 교만한 자를 내가 용납하지 아니하
리로다

101

6 내 눈이 이 땅의 충성된 자를 살펴 나와 함께 살게 하
리니 완전한 길에 행하는 자가 나를 따르리로다
7 거짓을 행하는 자는 내 집 안에 거주하지 못하며 거
짓말하는 자는 내 목전에 서지 못하리로다
8 아침마다 내가 이 땅의 모든 악인을 멸하리니 악을
행하는 자는 여호와의 성에서 다 끊어지리로다

102

1 여호와여 내 기도를 들으시고 나의 부르짖음을 주께 상달하게 하소서

2 나의 괴로운 날에 주의 얼굴을 내게서 숨기지 마소서 주의 귀를 내게 기울이사 내가 부르짖는 날에 속히 내게 응답하소서

3 내 날이 연기같이 소멸하며 내 뼈가 숯같이 탔음이니이다

4 내가 음식 먹기도 잊었으므로 내 마음이 풀같이 시들고 말라 버렸사오며

5 나의 탄식 소리로 말미암아 나의 살이 뼈에 붙었나이다

6 나는 광야의 올빼미 같고 황폐한 곳의 부엉이같이 되었사오며

7 내가 밤을 새우니 지붕 위의 외로운 참새 같으니이다

102

8 내 원수들이 종일 나를 비방하며 내게 대항하여 미칠
듯이 날뛰는 자들이 나를 가리켜 맹세하나이다
9 나는 재를 양식같이 먹으며 나는 눈물 섞인 물을 마
셨나이다
10 주의 분노와 진노로 말미암음이라 주께서 나를 들어
서 던지셨나이다
11 내 날이 기울어지는 그림자 같고 내가 풀의 시들어짐
같으니이다
12 여호와여 주는 영원히 계시고 주에 대한 기억은 대대
에 이르리이다
13 주께서 일어나사 시온을 긍휼히 여기시리니 지금은
그에게 은혜를 베푸실 때라 정한 기한이 다가옴이니
이다
14 주의 종들이 시온의 돌들을 즐거워하며 그의 티끌도
은혜를 받나이다

15 이에 뭇 나라가 여호와의 이름을 경외하며 이 땅의
모든 왕들이 주의 영광을 경외하리니
16 여호와께서 시온을 건설하시고 그의 영광 중에 나타
나셨음이라
17 여호와께서 빈궁한 자의 기도를 돌아보시며 그들의
기도를 멸시하지 아니하셨도다
18 이 일이 장래 세대를 위하여 기록되리니 창조함을 받
을 백성이 여호와를 찬양하리로다
19 여호와께서 그의 높은 성소에서 굽어보시며 하늘에
서 땅을 살펴보셨으니
20 이는 갇힌 자의 탄식을 들으시며 죽이기로 정한 자를
해방하사
21 여호와의 이름을 시온에서, 그 영예를 예루살렘에서
선포하게 하려 하심이라

22 그때에 민족들과 나라들이 함께 모여 여호와를 섬기
리로다
23 그가 내 힘을 중도에 쇠약하게 하시며 내 날을 짧게
하셨도다
24 나의 말이 나의 하나님이여 나의 중년에 나를 데려가
지 마옵소서 주의 연대는 대대에 무궁하니이다
25 주께서 옛적에 땅의 기초를 놓으셨사오며 하늘도 주
의 손으로 지으신 바니이다
26 천지는 없어지려니와 주는 영존하시겠고 그것들은
다 옷같이 낡으리니 의복같이 바꾸시면 바뀌려니와
27 주는 한결같으시고 주의 연대는 무궁하리이다
28 주의 종들의 자손은 항상 안전히 거주하고 그의 후손
은 주 앞에 굳게 서리이다 하였도다

103

1 내 영혼아 여호와를 송축하라 내 속에 있는 것들아
다 그의 거룩한 이름을 송축하라
2 내 영혼아 여호와를 송축하며 그의 모든 은택을 잊지
말지어다
3 그가 네 모든 죄악을 사하시며 네 모든 병을 고치시
며
4 네 생명을 파멸에서 속량하시고 인자와 긍휼로 관을
씌우시며
5 좋은 것으로 네 소원을 만족하게 하사 네 청춘을 독
수리같이 새롭게 하시는도다
6 여호와께서 공의로운 일을 행하시며 억압 당하는 모
든 자를 위하여 심판하시는도다
7 그의 행위를 모세에게, 그의 행사를 이스라엘 자손에
게 알리셨도다

103

8 여호와는 긍휼이 많으시고 은혜로우시며 노하기를
더디 하시고 인자하심이 풍부하시도다
9 자주 경책하지 아니하시며 노를 영원히 품지 아니하
시리로다
10 우리의 죄를 따라 우리를 처벌하지는 아니하시며 우
리의 죄악을 따라 우리에게 그대로 갚지는 아니하셨
으니
11 이는 하늘이 땅에서 높음같이 그를 경외하는 자에게
그의 인자하심이 크심이로다
12 동이 서에서 먼 것같이 우리의 죄과를 우리에게서 멀
리 옮기셨으며
13 아버지가 자식을 긍휼히 여김같이 여호와께서는 자
기를 경외하는 자를 긍휼히 여기시나니
14 이는 그가 우리의 체질을 아시며 우리가 단지 먼지뿐
임을 기억하심이로다

15 인생은 그 날이 풀과 같으며 그 영화가 들의 꽃과 같
도다
16 그것은 바람이 지나가면 없어지나니 그 있던 자리도
다시 알지 못하거니와
17 여호와의 인자하심은 자기를 경외하는 자에게 영원
부터 영원까지 이르며 그의 의는 자손의 자손에게 이
르리니
18 곧 그의 언약을 지키고 그의 법도를 기억하여 행하는
자에게로다
19 여호와께서 그의 보좌를 하늘에 세우시고 그의 왕권
으로 만유를 다스리시도다
20 능력이 있어 여호와의 말씀을 행하며 그의 말씀의 소
리를 듣는 여호와의 천사들이여 여호와를 송축하라
21 그에게 수종 들며 그의 뜻을 행하는 모든 천군이여
여호와를 송축하라

22 여호와의 지으심을 받고 그가 다스리시는 모든 곳에
있는 너희여 여호와를 송축하라 내 영혼아 여호와를
송축하라

내 영혼을 위한 시편 쓰기 2

초판 1쇄 발행 2014년 7월 24일 | 3쇄 발행 2021년 10월 31일

펴낸이 고영은 박미숙

펴낸곳 뜨인돌출판(주) | 출판등록 1994.10.11.(제406-251002011000185호)

주소 10881 경기도 파주시 회동길 337-9 | 대표전화 02-337-5252 | 팩스 02-337-5868

ISBN 978-89-5807-534-9 04230